Karl Gustav Vollmöller, Karl Joseph Simrock

Kürenberg und die Nibelungen

Karl Gustav Vollmöller, Karl Joseph Simrock

Kürenberg und die Nibelungen

ISBN/EAN: 9783743370067

Hergestellt in Europa, USA, Kanada, Australien, Japan

Cover: Foto ©Andreas Hilbeck / pixelio.de

Manufactured and distributed by brebook publishing software (www.brebook.com)

Karl Gustav Vollmöller, Karl Joseph Simrock

Kürenberg und die Nibelungen

Kürenberg und die Nibelungen.

Eine gekrönte Preisschrift

von

Dr Karl Vollmöller.

Nebst einem Anhang:

Der von Kürnberc.

Herausgegeben

von

Karl Simrock.

Stuttgart.
Meyer & Zeller's Verlag.
(Friedrich Vogel.)
1874.

Druck von Karl Kirn in Stuttgart.

VORWORT.

Im Jahr 1871 wurde von der philosophischen Fakultät der Königl. Württembergischen Universität Tübingen folgende Preisaufgabe gestellt:

„Die neuesten Theorieen über Entstehung und Verfasser des Nibelungenliedes sollen dargestellt und kritisch beleuchtet werden."

Ich habe mich um die Lösung derselben mit Glück bemüht, indem mir ein erster Preis zuerkannt worden ist.

Einen Theil meiner Schrift übergebe ich hiermit in umgearbeiteter Gestalt der Öffentlichkeit.

Der Anhang, Herrn Professor Simrocks, ‚Herstellung der s. g. Kürnbergschen Lieder,' bildet eine erwünschte Ergänzung meiner Schrift.

Die von mir gebrauchten Abkürzungen sind die gewöhnlichen, nemlich:

FF.: Freie Forschung. Kleine Schriften zur Geschichte der deutschen Litteratur und Sprache von Franz Pfeiffer. Wien 1867. 8°.

Lexer.: Mittelhochdeutsches Handwörterbuch von Dr Matthias Lexer. Leipzig 1869 ff. Lex. 8°.

MF.: Des Minnesangs Frühling herausgegeben von Karl Lachmann und Moriz Haupt. Leipzig 1857. 8°.

mhd. Wb.: Mittelhochdeutsches Wörterbuch von Benecke — Müller — Zarncke. 3 Bände. Leipzig 1854—66. Lex. 8°.

MSH.: Minnesinger herausgegeben von F. H. von der Hagen. 4 Bände. Leipzig 1838. 4°.

Für manchen gütigen Rathschlag bin ich meinen hochverdienten Lehrern, den Herren Wilhelm Ludwig Holland, Adelbert von Keller, Karl Simrock, sowie meinem verehrten Freunde Professor Dr Julius Klaiber in Stuttgart, zu wärmstem Dank verpflichtet.

18 Januar 1874.

K. V.

Seinen hochverehrten Lehrern

den Herren

Wilhelm Ludwig Holland

Adelbert von Keller
in Tübingen

Karl Simrock
in Bonn

in aufrichtiger Dankbarkeit

gewidmet von dem

Verfasser.

Die Frage nach dem Dichter der Nibelungen ist so alt als unsere Kenntnis des Gedichts. So haben sich Johannes von Müller für Wolfram von Eschenbach, Bodmer für Kunrat, den Schreiber des Bischofs Piligrim von Passau, später für den Marner, erklärt; Koch und Adelung nahmen Konrad von Würzburg als Verfasser an. Zeune nannte Klinsor von Ungarland; auf diesen hatte schon A. W. von Schlegel hingewiesen, sich aber für Heinrich von Ofterdingen entschieden. Zschokke nahm für beide Theile des Gedichts zwei verschiedene Dichter an.[1] Von der Hagen[2] ist nicht abgeneigt, in Walther von der Vogelweide den letzten Dichter der Nibelungen zu sehen. Karl Roth[3] denkt an Rudolf von Ems, und Anton Ritter von Spaun[4] kommt wider auf Heinrich von Ofterdingen zurück.

---

[1] Näheres hierüber bei F. J. Mone, Einleitung in das Nibelungenlied; zum Schul- und Selbstgebrauch bearbeitet. Heidelberg 1818. (VI, 89 S. 8°.) S. 19—23.

[2] MSH. 4, 186.

[3] Deutsche Predigten des XII. und XIII. Jahrhunderts. Quedlinburg und Leipzig 1839. (XL, 88 S. 8°.) S. 6 Anmerkung **. Vergl. Fr. Zarncke, Beiträge zur Erklärung und Geschichte des Nibelungenliedes. Mit einer Karte. (Aus dem achten Band der Berichte über die Verhandlungen der K. S. Gesellschaft der Wissenschaften zu Leipzig, phil.-histor. Klasse) Leipzig 1857. (S. 153—266. 8°.) S. 220 Anmerkung 59.

[4] Heinrich von Ofterdingen und das Nibelungenlied. Ein Versuch, den Dichter und das Epos für Österreich zu vindiciren. Mit einem Anhange: Proben österreichischer Volksweisen im Rhythmus des Nibelungenliedes. Linz 1840. (132 S. 8°. und drei Notenblätter.) Vergl. A. Zeune, Ist Heinrich von Ofterdingen Verfasser der Nibelungen-Noth? in von der Hagens Germania 4, 141—7. (1841)

W. Gärtner[1]) entscheidet sich für den Göttweiher Prälaten Chuonrad, Heinrich Haas[2]) für Wirnt von Gravenberg; Karl und Nikola Mosler[3]) endlich schreiben die Nibelungen Friedrich von Hausen zu. Alle diese Versuche aber sind wissenschaftlich nicht begründet und haben deshalb keine Anhänger gefunden. Mit Recht sagt schon Bodmer[4]): „aber ich fürchte, dass alle Nachsuchungen, die man desswegen anstellen kann, vergebens seyn werden."

Eine neue Gestalt bekam diese Frage durch Franz Pfeiffer, der seine Ansicht in wissenschaftlicher Form vorgetragen hat.

Bei diesen Versuchen übersah man, dass ein Volksepos keinen Verfasser in dem Sinn hat, in welchem wir das Wort jetzt zu nehmen gewohnt sind. Seine Grundlage sind Volksgesänge, es ist aus solchen redigiert. Es bildet sich allmählich aus dem innersten Wesen des gesammten Volks heraus, nicht aus dem subjektiven Empfinden und Denken eines einzelnen Menschen. Derjenige nun, welcher die Volksgesänge sammelt und der im Volksbewusstsein vorhandenen Einheit der Sage

---

[1]) Chuonrad, Prälat von Göttweih und das Nibelungenlied. Eine Beantwortung der Nibelungenfrage. Pest 1857. (XVI, 365 S. gr. 8°.) Vergl. Zarncke im Literarischen Centralblatt 1856, Sp. 804—6. J. Diemer in den „Österreichischen Blättern für Literatur und Kunst." 1857 Nr. 6. W. Gärtner, Beleuchtungen. Ein Nachwort zu meiner Nibelungenschrift und eine Antwort auf die Kritik des Herrn J. Diemer. Pesth 1857. (129 S. 8°.)

[2]) Die Nibelungen in ihren Beziehungen zur Geschichte des Mittelalters. Erlangen 1860. (XII, 1 Bl., 114 S. gr. 8°.) S. 30.

[3]) Der Nibelunge Noth. Heldengedicht des zwölften Jahrhunderts. Studien und ausgewählte Stücke zur Herstellung des ursprünglichen Werkes. Leipzig 1864. (VIII, 1 Bl., VI, 48; 1 Bl., 86 S. gr. 8°.) Vergl. Pfeiffers Germania 9, 245.

[4]) Chriemhilden Rache, und die Klage; zwey Heldengedichte aus dem schwäbischen Zeitpuncte. Samt Fragmenten aus dem Gedichte von den Nibelungen und aus dem Josaphat. Darzu kömmt ein Glossarium. Zyrich, Orell und Comp. 1757. (XVI S. 286 und 64 Sp. 4°.) S. IX.

gemäss zur Grundlage seines Werks macht, verschwindet vor diesem so gut wie die Verfasser der einzelnen Lieder.¹)

Von diesem Gesetz, dass Volksepen keinen Verfasser haben, könnten nun möglicherweise die Nibelungen eine Ausnahme machen; es käme nur darauf an diss zu beweisen. Dieser Beweis aber ist bis heute nicht geführt worden. Zudem sprechen positive Gründe dagegen. Diss zeigt sich schon in einer äusserlichen Verschiedenheit. In den höfischen Gedichten nennt sich gewöhnlich der Verfasser am Anfang oder Ende seines Werks selbst, in den volksmässigen epischen Gedichten dagegen finden sich nur am Anfang die Berufung auf die Überlieferung und am Schluss gewöhnlich der Name des Gedichts. Hierin ist deutlich genug die Verschiedenheit der beiden Dichtungsgattungen ausgesprochen.²) Noch ein Punkt aber ist beachtenswerth. Bekannt sind in der mittelhochdeutschen Literatur die Anspielungen auf bedeutende Dichter und ihre Werke. Keiner der Dichter nun, welchen man die Nibelungen zugeschrieben hat, wird in einer Weise erwähnt, welche auf ihn als Verfasser schliessen lässt. Von einem Verfasser der Nibelungen ist überhaupt nie die Rede, sondern immer nur von dem Inhalt des Gedichts selbst. Ist nun nicht anzunehmen, dass auch einmal der Dichter eines so bedeutenden Werks genannt worden wäre, wenn man ihn überhaupt gekannt hätte?³)

---

¹) Dass wir es speciell bei den Nibelungen mit einem hochbegabten Dichter zu thun haben, der die Volksgesänge zwar im Einzelnen mit möglichster Schonung des Überlieferten, namentlich der äussern Form (s. unten), im Ganzen aber doch selbständig verarbeitet hat, bedarf hier wohl keines Beweises. Vergl. Uhlands Schriften zur Geschichte der Dichtung und Sage. Erster Band. (Stuttgart 1865) S. 439—48. Bartsch in Pfeiffers Germania 11, 459 ff., besonders S. 463—6. Das Nibelungenlied übersetzt von Karl Simrock. 25te Aufl. (Stuttgart 1873) Einleitung S. v f.

²) Vergl. Simrock, a. a. O. S. vii f.

³) Vergl. Jakob Grimms Brief an Franz Pfeiffer vom 5 August 1862, in der Germania 11, 253—4.

Wenn demnach schon aus allgemeinen Gründen wahrscheinlich ist, dass die Nibelungen keinen Verfasser haben, so wird nun aus dem Folgenden sich ergeben, dass auch die specielle Nennung eines bestimmten Verfassers sich nicht halten lässt.

Schon im Jahre 1826 tauchte eine Ansicht auf, welche damals, wie es scheint, ohne Folge geblieben ist, die aber sechsunddreissig Jahre später mehr von sich reden machen sollte.

Im ersten Band seines „badischen Archivs" (Karlsruhe, Gottl. Braun 1826) veröffentlichte nemlich F. J. Mone eine Abhandlung über „die vaterländischen deutschen Dichter des Mittelalters, II. Minnesinger," wo S. 53—4 auch „der von Kiurenberg" besprochen wird. Dort heisst es u. a.: „Ein einziges Lied hat Manes von diesem Dichter aufbewahrt, dem offenbar die Melodie sein langes Leben gesichert hat, da diese als etwas ausgezeichnetes in der Strophe 4 hervorgehoben wird. Für uns ist Form und Inhalt das [S. 54] Wichtigste. Denn die Abfassung ist im epischen Versmaasse, in der langen vierzeiligen Strophe, wie in den Nibelungen, und der Inhalt ist im Geiste des Epos, mit seinen Bildern und Redensarten. In beiden Fällen ein merkwürdiges Gedicht, da es auf der Grenze zwischen dem Helden- und Minnelied steht, und uns zeigt, wie dieses aus jenem hervorgegangen. Ist es doch, wenn man das Lied des Kürnbergers liest, als wenn man einen Epiker guter alter Zeit vor sich hätte, wie etwa den Dichter der Nibelungen, so ähnlich ist er diesem in Geist und Wort."

Ziemlich später und unabhängig von Mone hat auch Adolf Holtzmann in seinen „Untersuchungen über das Nibelungenlied" (Stuttgart 1854) S. 185—6 auf Kürenberg hingewiesen.

Am weitesten ist Franz Pfeiffer gegangen, der geradezu Kürenberg als Dichter der Nibelungen bezeichnet hat.[1])

---

[1]) Auch Pfeiffer scheint von der oben angeführten Äusserung Mones keine Kenntnis gehabt zu haben, wie denn bisher überhaupt nicht beachtet

Diese Untersuchung findet sich in seiner Schrift: „Der Dichter des Nibelungenliedes. Ein Vortrag gehalten in der feierlichen Sitzung der kaiserlichen Akademie der Wissenschaften am 30 Mai 1862." Wien 1862. (48 S. 8⁰.); wider gedruckt in „Freie Forschung. Kleine Schriften zur Geschichte der deutschen Litteratur und Sprache." Wien 1867. (XIV, 463 S. 8⁰.) S.1—52, wonach hier citiert wird.

Prüfen wir nun die Gründe, welche Pfeiffer geltend gemacht hat.

Das Eigenthumsrecht auf die strophische Form.

Die Grundlage von Pfeiffers Annahme bildet folgender Satz: „wer immer einen neuen Ton, eine neue Weise erfand, blieb im ausschliesslichen unantastbaren Besitz dieser seiner Erfindung, die von Anderen zwar nachgeahmt, d. h. umgestaltet oder erweitert, nicht aber unverändert zu eigenen Dichtungen verwendet werden durfte" (FF. S. 10). Nur wenn „Lieder oder Sprüche eines Andern parodiert oder verspottet werden," ist es nicht nur erlaubt, sondern „nothwendig, dass dazu dieselbe Strophenform gewählt wird, damit man weiss, auf wen der Spott gemünzt ist" (a. a. O. S. 42). Dieses Gesetz soll schon im zwölften und bis zur Mitte des dreizehnten Jahrhunderts gegolten haben. Nun bringt die Pariser Liederhandschrift unter dem Namen des von Kürenberg dreizehn (nicht fünfzehn) Strophen, deren Form mit der Nibelungenstrophe genau übereinstimmt. Die

---

wurde, dass Mone der erste gewesen ist, welcher Kürenberg in Verbindung mit den Nibelungen gebracht hat. Ich selbst verdanke die Anregung zu diesem Fund Herrn Professor Holland in Tübingen.

Nibelungen und die lyrischen Gedichte müssen also von einem und demselben Dichter, dem von Kürenberg, herrühren. Da nun aber diese Lieder in die erste Hälfte des zwölften Jahrhunderts gesetzt werden müssen, und die Nibelungen die Gestalt, in welcher sie uns vorliegen, nicht vor 1190 empfangen haben können, so nimmt Pfeiffer eine spätere Umarbeitung der letzteren an.

Diese Beweisführung ist deshalb nicht zutreffend, weil, wie wir im Folgenden nachzuweisen versuchen werden, jener Grundsatz auf unrichtigen Voraussetzungen beruht.

Das Gesetz vom Eigenthumsrecht auf die strophische Form galt allerdings für die deutsche Lyrik des dreizehnten Jahrhunderts, als diese auf der Höhe ihrer Entfaltung eine unabsehbare Manchfaltigkeit der Strophenformen entwickelt hatte. Dass aber dieselbe „Pedanterei" schon im zwölften Jahrhundert geherrscht habe, ist nicht als erwiesen zu betrachten. Wenn Bartsch in seinen „Liederdichtern" Einleitung S. XXIII den Satz aufstellt, dieses Gesetz sei im zwölften Jahrhundert zwar nicht ausgesprochen, aber in Wirklichkeit durchgeführt, so ist er den Beweis dafür noch schuldig, und die Sache ist um so unwahrscheinlicher, weil der Ausdruck ‚*danediep*' erst bei dem Marner (Liederdichter XLII, 35) sich findet.

Der Gegenbeweis, dass solche Entlehnungen im zwölften Jahrhundert wirklich stattgefunden haben, ist leicht zu führen.

Die Manchfaltigkeit der Strophenformen in der mittelhochdeutschen Lyrik hat ihren Ursprung in dem Bestreben, die poetischen Formen möglichst zu variiren, um den Vorwurf der Eintönigkeit zu vermeiden. Grosser Formenreichthum soll den Mangel an neuen Gedanken ersetzen. Ausser der metrischen Form war aber auch die Melodie des Dichters Schöpfung und Eigenthum. Diese nun durfte im dreizehnten Jahrhundert kein Anderer sich ungestraft aneignen. Metrisch gleiche Strophen konnten aber verschiedene Melodie haben. Auf letztere allein kam es also an, und es ist somit nicht auffallend, dass Walther (bei Lachmann 91, 17) genau dieselbe metrische Form hat wie Reinmar der Alte (MF. 177, 10).[1])

Anders ist es in der älteren Zeit, wo die metrischen Formen noch einfacher waren. Damals wurde auch dieselbe Strophenform von Verschiedenen benutzt. Man vergleiche: Albrecht von Johansdorf (MF. 93, 5) und Reinmar (MF. 193, 22); Engelhart von Adelnburc (MF. 148, 25), Reinmar (MF. 191, 34) und Hartmann von Aue (MF. 211, 20); Heinrich von Morungen (MF. 137, 17) und Reinmar (MF. 203, 10); Dietmar von Eist (MF. 35, 16), Heinrich von Veldeke (MF. 67, 9. 65, 13) und Heinrich von Rugge (MF. 103, 3); Rudolf von Fenis (MF. 81, 30), Bligger von Steinach (MF. 118, 19) und Hartwic von Rute (MF. 116, 1). Diesen aus Wilmanns, Walther von der Vogelweide, Einleitung S. 30, entlehnten Beispielen haben wir noch weitere aus dem zwölften Jahrhundert beizufügen.

Wie schon bemerkt, sind nicht alle Kürenberg zugeschriebenen Strophen im Versmaass der Nibelungen gedichtet, sondern zwei (MF. 7, 1—18) in einer Variation desselben. In demselben Versmaass wie diese beiden ist eine andere Strophe abgefasst, welche MF. 3, 17—25 unter die „namenlosen Lieder" gesetzt wird. Vergl. MF. S. 225, Anmerkung zu 3, 21. Sie lautet:

mich dunket niht sô guotes   noch sô lobesam
sô diu liehte rôse   und diu minne mînes man.
diu kleinen vogellîn
diu singent in dem walde: dêst menegem herzen liep.
mirn kome mîn holder selle,   in hân der sumerwunne niet.

In der Pariser Handschrift wird diese Strophe Waltram von

---

[1]) Vergl. Wilmanns, Walther von der Vogelweide, (Halle 1869) Einleitung S. 28 ff. Hiemit erledigt sich FF. S. 41 f. Anmerkung 2.

Gresten, in der Heidelberger dem Niune zugeschrieben. Dass sie keinem von beiden gehört, sondern älter ist, hat schon von der Hagen (MSH. 4, 473 ᵇ f.) erkannt. Der alterthümliche Inhalt und die unvollkommenen Reime weisen sie vielmehr in die früheste Zeit des Minnesangs, so gut als die MF. 6, 5—13 mitgetheilte Strophe, welche die Handschrift A und danach von der Hagen (MSH. 3, 332 ᵃ) dem Niune zuschreiben. Man könnte allerdings versucht sein, unsere Strophe auf das Versmaass der Nibelungen zu bringen. Es liesse sich annehmen, dieselbe sei durch Abschreiber erweitert und so das ursprüngliche Versmaass zerstört worden. Aus den drei Halbzeilen MF. 3, 21—3

diu kleinen vogellîn
diu singent in dem walde: dêst menegem herzen liep.

lässt sich durch Streichung der unwesentlichen Worte MF. 3, 22 *diu* und *in dem walde* folgende Langzeile:

diu kleinen vogellîn singent: dêst menegem herzen liep.

und damit für das ganze Liedchen die Nibelungenstrophe herstellen. Auf diese Weise wäre erwiesen, dass letztere auch von einem andern Lyriker als dem oder den Verfassern der unter Kürenbergs Namen auf uns gekommenen Lieder gebraucht worden ist. Sollte aber gegen diese Behandlung der Strophe Einsprache erhoben werden, so bildet dieselbe doch schon in ihrer überlieferten Gestalt den Beweis, dass das in den „Kürenbergliedern" zweimal gebrauchte Versmaass auch von einem Andern zu eigener Dichtung verwendet worden ist. Vergl. Bartsch in Pfeiffers Germania 2, 261.

Ferner stimmt die Strophenform der beiden Liedchen MF. 3, 7—11 und 3, 12—16 mit der in dem erzählenden Gedichte von Salman und Morolt (Koberstein, Grundriss der Geschichte der deutschen Nationalliteratur 1⁵, 121, 10), in welcher auch das Spielmannsgedicht von Orendel abgefasst war (a. a. O. 1⁵, 124, 6 und 155, 45).

Endlich ist die Strophe von Walther und Hildegunde dieselbe, in welcher der Burggraf von Regensburg ein Lied (MF. 16, 15—17, 6) gedichtet hat. Dieses Versmaass ist eine Variation der Nibelungenstrophe und unterscheidet sich von dieser nur durch die um zwei Hebungen verlängerte siebente Halbzeile. Allerdings haben bei dem Burggrafen von Regensburg die beiden vierten Halbzeilen (MF. 16, 18 und 17, 2) vier Hebungen gegen drei an der entsprechenden Stelle im Versmaass der Nibelungen und der Bruchstücke von Walther und Hildegunde. Diss kommt aber kaum in Betracht, da ja in der Nibelungenstrophe für die zweite und vierte Halbzeile ursprünglich vier Hebungen angenommen werden müssen,[1] die sich hier theilweise noch erhalten haben.

Die angeführten zahlreichen Beispiele beweisen also, dass das Gesetz vom Eigenthumsrecht auf die strophische Form im zwölften Jahrhundert weder innerhalb der Lyrik selbst, noch zwischen Lyrik und Epos gegolten hat, dass vielmehr in jener Zeit eine und dieselbe Strophenform von Epikern und Lyrikern benutzt werden konnte.

Stellen wir uns übrigens einen Augenblick auf Pfeiffers Standpunkt, nehmen wir an, dass dieses Gesetz im zwölften Jahrhundert gegolten habe, so ist dann auch die Kehrseite zu bedenken, dass nemlich zur Zeit der Blüte des Minnesangs das einmal erfundene Maass von dem Erfinder selbst nicht zum zweitenmal verwendet werden durfte. Damit hätte der Dichter sich selbst bestohlen. Nur für die Sprüche war Widerholung desselben Tons innerhalb gewisser Grenzen erlaubt. Vergl. Wilmanns, Walther, Einleitung S. 28 Anmerkung 1. So wäre Pfeiffer von seinen eigenen Voraussetzungen aus geschlagen. Aber dieses

---

[1] S. Simrock, Die Nibelungenstrophe (Bonn 1858) S. 23 ff.

Gesetz hat, wie wir bewiesen haben, im zwölften Jahrhundert überhaupt noch nicht gegolten.

Schon durch das bisher Gesagte ist die Grundlage von Pfeiffers Theorie erschüttert; die folgenden Abschnitte werden indess noch mehrere Beweismomente gegen dieselbe bringen.

Alphart. Ortnit.

Pfeiffer sucht ferner FF. S. 13 ff. nachzuweisen, dass bis zur Mitte des dreizehnten Jahrhunderts ausser den Nibelungen kein zweites episches Gedicht in der nach diesen benannten Strophe gedichtet worden sei. Nun gehört aber der in der Nibelungenstrophe verfasste Alphart in seiner Grundlage sicher der Grenze des zwölften und dreizehnten Jahrhunderts an.[1] Bartsch[2] möchte dieses Gedicht wie die Nibelungen ebenfalls Kürenberg zuschreiben. Als Beweis hiefür bringt er in der Germania 13, 242[3] folgende übereinstimmende Stellen aus beiden Gedichten bei:

Alphart 404, 4 *friuntschaft unde suone sol im gar versaget sin;*
Nib. 2027, 4 *fride unde suone sol in gar versaget sin.*
Man vergleiche übrigens: *ein suone hüter und ein vride* Otte mit dem Barte von Konrad von Würzburg 726; *hie ervant niemen vride noch suon* Neidhart bei Haupt 31, 13; *hete ich suone oder*

---

[1] Deutsches Heldenbuch, zweiter Band (Berlin 1866) Einleitung S. XXX.
[2] Untersuchungen über das Nibelungenlied (Wien 1865) S. 354.
[3] Vergl. Untersuchungen S. 362. Über den von Bartsch ferner als Beweis beigebrachten Ausdruck *daz lant rûmen* s. unten. Hier nur soviel, dass die von Bartsch, Untersuchungen S. 362, gesammelten Belege für das Vorkommen dieses Ausdrucks in der Klage, Kudrun und im Biterolf, wo der Ausdruck sich noch häufiger findet als im Alphart, die Hinfälligkeit dieses Beweises genügend bekunden.

vride, diu warn in beidiu tiure Parzival 315, 22—3; *frid unde suone geben* Konrads Trojanischer Krieg bei A. von Keller 46936; *ez gêt ûz vride unde suon über zweinzic wochen* Mai und Beaflor (Leipzig 1848) 99, 40; *mit vride unde mit suone under ein ander leben* Schwabenspiegel bei W. Wackernagel (Zürich und Frauenfeld 1840) S. 4.[1]) *Versagen* mit obigen zwei Substantiven verbunden, ist allerdings bis jetzt anderwärts nicht nachzuweisen, doch ist wohl mindestens eben so grosses Gewicht auf die Zusammenstellung *vride unde suone* zu legen, als auf die Verbindung dieser beiden Substantive mit dem Verbum *versagen*, das überdiss in derselben Bedeutung wie oben, mit einem und zwei Substantiven verbunden, oft vorkommt.[2]) Diese beiläufige Übereinstimmung in den beiden Gedichten ist sicher auf den allgemein epischen Stil zurückzuführen, und genügt jedesfalls für sich allein nicht, Bartschs Annahme zu beweisen. Diss scheint Bartsch selbst zu fühlen, er sucht daher in der Germania 13, 241—2 „**die durch alle übrigen Beispiele von Umarbeitungen bestätigte natürliche Annahme**",[3]) dass die ursprüngliche Gestalt des Alphart in derselben Strophenform wie die spätere gedichtet gewesen sei, in Zweifel zu ziehen. Überzeugt hat er damit wohl niemand. So lange aber die Ansicht, dass Alphart ursprünglich in der Nibelungenstrophe verfasst gewesen ist, nicht widerlegt werden kann, ist man nicht nur berechtigt, sondern sogar verpflichtet, hieran festzuhalten.[4])

Was den von Pfeiffer[5]) ferner besprochenen Ortnit anbe-

---

[1]) Vergl. mhd. Wb. 3, 404 b f. 2², 749 ab.
[2]) S. mhd. Wb. 2², 21 b f.
[3]) Bartsch, Untersuchungen S. 354.
[4]) Vergl. Gervinus, Geschichte der deutschen Dichtung 2⁵, 229 Anmerkung 265. W. Scherer im Literarischen Centralblatt 1869, Sp. 978.
[5]) FF. S. 43 f.

langt, so ist derselbe nach Müllenhoffs Untersuchungen [1]) um 1225—6 gedichtet worden. Diss ist wichtig gegenüber der Annahme von Pfeiffer und Bartsch, dass jenes Gesetz vom Eigenthumsrecht auf die selbstgeschaffene Strophenform bis zur Mitte des dreizehnten Jahrhunderts in Geltung gewesen sei.

Somit sind ausser den Nibelungen um 1200 und 1225—6 von zwei andern Dichtern noch zwei epische Gedichte in der Nibelungenstrophe verfasst worden. Diss dient zur Bestätigung des schon im vorhergehenden Abschnitt gewonnenen Ergebnisses. Damit aber stürzt die Grundlage von Pfeiffers Hypothese, und mit jener diese selbst, zusammen.

Wir finden also im zwölften und zu Anfang des dreizehnten Jahrhunderts drei Volksepen und eine Anzahl lyrischer in volksmässigem Ton gehaltener Gedichte von verschiedenen Dichtern in der Nibelungenstrophe verfasst. Ausserdem spielen bekanntlich die Variationen dieses Versmaasses in den volksmässigen epischen und lyrischen Gedichten jener Zeit eine grosse Rolle. Diese Thatsachen sprechen deutlich genug dafür, dass die Nibelungenstrophe damals jedesfalls die vorherrschende Form des epischen Volksliedes gewesen ist. [2])

„Übereinstimmung in Bildern, Redewendungen und eigenthümlicher Wortgebrauch." FF. S. 26.

FF. S. 25—6 wirft Pfeiffer einen sprachvergleichenden Blick auf die unter Kürenbergs Namen überlieferten Lieder und die Nibelungen. Auch auf diese Weise glaubt er eine Bestätigung seiner Ansicht zu gewinnen. Er weist zunächst

---

[1]) in Haupts Zeitschrift für deutsches Alterthum 13, 185—92. Vergl. Koberstein 1[5], 203.
[2]) Diss mit Bezug auf Germania 13, 241. 244.

hin auf die Erwähnung des Falken als Bild für den Geliebten in MF. 8, 33—9, 12:

,Ich zôch mir einen valken   mêre danne ein jâr.
dô ich in gezamete   als ich in wolte hân,
und ich im sîn gevidere   mit golde wol bewant,
er huop sich ûf vil hôhe   und flouc in anderiu lant.
    Sît sach ich den valken   schône fliegen:
er fuorte an sînem fuoze   sîdîne riemen,
und was im sîn gevidere   alrôt guldîn.
got sende si zesamene   die gerne geliebe wellen sîn.'

Hiermit vergleicht er das bekannte Lied von Kriemhilds Traum, Nib. 13 ff. Moriz Thausing, Nibelungen-Studien[1]) S. 6, und Bartsch, Untersuchungen S. 363, stimmen Pfeiffer bei. Dieser Grund hat viel Bestechendes, aber, wie wir im Folgenden auszuführen hoffen, keine beweisende Kraft.

Dass in dem Lied von Kriemhilds Traum der Falke und die zwei Adler mythologisch zu deuten sind, hat Simrock[2]) überzeugend nachgewiesen.

Der Kern der Nibelungensage ist ein Mythus, dem später Historisches sich angeschlossen hat. Die Mythen sind zuerst Jahresmythen, sie beziehen sich auf den Kreislauf des Naturlebens. So war der der Siegfriedssage zu grund liegende Mythus ein Frühlingsmythus. Die im Winter schlafend gedachte Erde wird im Frühjahr durch den Sonnengott Freyr erlöst, und beide feiern dann im Mai ihre Vermählung. Die neueste Verjüngung dieses Mythus ist das Märchen vom Dornröschen. Dem Frühlingskampf des Freyr entspricht ein zweiter, ein Herbstkampf, in dem der Gott den Riesen, den zerstörenden

---

[1]) Beiträge zur Frage nach dem Dichter des alten Liedes. Separatabdruck aus der Wochenschrift für Wissenschaft, Kunst und öffentliches Leben Nr. 2, 3, 4, 5. Wien, Verlag des Verfassers [1864] (26 S. gr. 8°.)
[2]) Das Nibelungenlied, Einleitung S. XVII ff.

Naturgewalten, unterliegt: der Herbst löst die Verbindung des Sonnengottes mit der Erde. Dieser Herbstkampf geräth später durch die an vielen Mythen beobachtete Verschiebung vom Ende des natürlichen Jahrs an das des grossen Weltenjahrs. Dem entsprechend wird nun in der Heldensage der Falke der Kriemhild von zwei Adlern ergriffen und zerrissen. Diese zwei Adler sind Winterriesen, die sich in Adler zu verwandeln pflegen, während die Götter als Falken entfliegen oder Freyjas Falkengewand borgen.

Aus der Göttersage ist das Bild des Falken für den Geliebten zunächst in das Epos, und dann, allmählich abgeschwächt, in die Lyrik übergegangen.

So deutet denn Ute den Falken des Traums auf Siegfried, Kriemhilds künftigen Geliebten und Gemahl, und die zwei Adler sind demnach Gunther und Hagen, die Mörder Siegfrieds. In diesem Liede stellt sich der Mythus noch am reinsten dar. Dass dasselbe uralt ist, beweist die neben dem Reim hergehende Alliteration.

Hieran schliesst sich zunächst, von Simrock[1] nicht mit Unrecht als Entlehnung daraus bezeichnet, der Traum im Reinfried von Braunschweig (bei Bartsch 13508 bis 13705). Auch hier wird der Falke, der den Geliebten bedeutet, von zwei Adlern verfolgt. In der kerlingischen Heldensage finden wir den Traum Aldens,[2] der sich von Kriemhilds Traum nur dadurch unterscheidet, dass der Falke von éinem Adler, statt wie dort von zweien, verfolgt wird. Ebenso wird der Falke verwendet im König Rother (bei Rückert 3852—6). Auch hier ist die Einkleidung ein Traumbild, doch fehlen die verfolgenden

---

[1] a. a. O. S. X.

[2] Wolf und Hofmann, primavera y flor de romances, 2, 314 f.; deutsch zuletzt von Simrock, a. a. O. S. XXI f.

Adler. Abgeblasst ist der Traum vom Falken in Salman und Morolt 2875—83.[1])

In der Lyrik schwächt sich das Bild immer mehr ab.

In seiner Zeitschrift 13, 325 theilt Haupt aus der Wiener Handschrift 2856 Blatt 248[b] ein Lied mit, das folgendermaassen beginnt:

Ich het zu hant gelocket mir
ain valken waidenleichen u. s. w.

Von einem Traum findet sich keine Spur mehr, und an Stelle des Adlers ist ein *trappe* getreten.

In dem Kürenberg zugeschriebenen Lied fehlen Adler und Traum gänzlich; nur der Falke ist geblieben. Auffallende Ähnlichkeit hiermit zeigt das von Haupt MF. S. 230—1 beigebrachte italienische Sonett aus dem dreizehnten Jahrhundert. Der Falke wird hier durch den Sperber ersetzt, eine Abweichung, die nichts zu bedeuten hat. Demselben Gedanken wie in den beiden letztgenannten Gedichten begegnen wir auch bei Heinrich von Müglin:[2])

Ein frouwe sprach: mîn valke ist mir enphlogen
sô wît in fremde lant:
Des ich forchte, den ich lange hân gezogen,
den vest ein fremde hant. u. s. w.

Vergl. Haupt in seiner Zeitschrift 13, 325. Dieses Lied, sowie das im Liederbuch der Clara Hätzlerin, S. 47[b], 19—48[a], 2 und S. 53[a], 15—23[3]), sind wohl Nachklänge des Kürenberg zugeschriebenen Gedichts.

---

[1]) bei von der Hagen und Büsching, deutsche Gedichte des Mittelalters, erster Band. (Berlin 1808.)
[2]) Fabeln und Minnelieder, herausgegeben von Wilhelm Müller (Göttingen 1848). S. 28. Minnelieder VI.
[3]) Vergl. Haupt, Zeitschrift 11, 575.

Eine weitere Abschwächung zeigt das bekannte Lied Dietmars von Eist: *Ez stuont ein frouwe alleine*, u. s. w. MF. 37, 4 ff.[1])

Die letzte Spur finden wir in dem Volkslied: „Wär ich ein wilder Falke," bei Mittler, deutsche Volkslieder (Marburg 1855) S. 667 ff.

Ebenso wird in der slavischen Volkspoesie der Geliebte mit dem Falken verglichen, zugleich allerdings auch mit dem Adler. So heisst es in Wenzigs slavischen Volksliedern (Halle 1830) S. 206 in einem Gedichte „das Leben ohne den Geliebten:"

„Mein Geliebter, meine schöne Sonne,
Heller Falke, goldbeschwingter Adler."

An das Kürenberg zugeschriebene Lied und das italienische Sonett erinnert ein von Reinhold Köhler im Jahrbuch für romanische und englische Literatur 9, 117—8 mitgetheiltes bolognesisches Volkslied aus dem dreizehnten Jahrhundert. Doch ist an Stelle des Falken die Nachtigall getreten, und der Adler fehlt auch hier.

Im Graf Rudolf (bei Grimm, zweite Ausgabe 1844; 20, 12 und 22) finden wir ähnlich den Falken als Bild für den kämpfenden Helden verwendet.

Aus dem Gesagten geht hervor, dass das Bild des Falken für den Geliebten nicht den Nibelungen und dem sogenannten Kürenbergischen Lied eigenthümlich ist, sondern häufig sich findet. Der Falke ist das der mittelalterlichen Frau am nächsten liegende Bild für den Geliebten, seine Verwendung in dieser Weise erklärt sich also auch psychologisch leicht. Die Übereinstimmung mit den Nibelungen ist in mehreren Gedichten, die diesen in jeder Beziehung ferne stehen, grösser als in dem

---

[1]) Vergl. Simrock, a. a. O. S. XXIII f.

Kürenbergischen Lied, das sich in der Behandlung dieses Bildes von den Nibelungen ziemlich bedeutend unterscheidet. Somit fällt auch diese Stütze der Pfeifferischen Hypothese. Pfeiffer beruft sich ferner FF. S. 26 auf die rührenden Reime MF. 7, 2. 4 *schedelich: lobelich;* Nib. 304, 1. 2 *ieselich: lobelich.* Man vergleiche: *menlich: schadelich* Ludwigs des Frommen Kreuzfahrt bei von der Hagen 1261; *lobelich: erbärmelich* Tristan 1763 f.; *werlich: ieslich* Parzival 351, 27 f.; *süberlich: ieslich* Wigalois 187, 33 f. Eine Reihe von Beispielen aus Karlmeinet verzeichnet Bartsch, über Karlmeinet (Nürnberg 1861) S. 257—9. Vergl. W. Grimm, zur Geschichte des Reims, S. 521 ff. 525 ff. 535 ff. 556 ff. 568 ff.

Endlich bringt Pfeiffer FF. S. 26 ff. eine Reihe von Ausdrücken bei, die sich in auffallend übereinstimmender Weise besonders in den Nibelungen und den sogenannten Kürenbergischen Liedern finden sollen. Diese Ausdrücke mögen im Folgenden der Reihe nach näher betrachtet werden.

S. 26. *Eines leides manen* Nib. 1637, 2; 1701, 1; 1722, 3; 2252, 1; MF. 7. 10. Untersucht man diese Stellen näher, so zeigt sich, dass die drei ersten wörtlich dasselbe bieten, nemlich: *ez mante si ir leide, weinen si began;* der Ausdruck ist also eine epische Formel. 2252, 1 ist die einzige Stelle, wo er in den Nibelungen nicht formelhaft vorkommt. Dagegen ist *manen* mit dem Genitiv des Objektes, woran jemand erinnert, gemahnt wird, bei den Schriftstellern alt- und mittelhochdeutscher Zeit sehr gewöhnlich, wie aus Grimm, Grammatik 4, 633 und mhd. Wb. 2¹, 53 [ab] hervorgeht. Genau stimmt die von Grimm beigebrachte Stelle: *daz si leides ermante* Wernhers Maria bei Ötter 100; ferner gehört besonders hierher: *mines leides wil ich dich manen* Ruolandes liet 289, 19; vergl. Lexer 1, 2029.

Auch für *geleben* im Sinne von erleben finden sich ausser Nib. 640, 6; 649, 1; 790, 4; 1187, 4; 1319, 4; 2059, 3 und

MF. 7, 13 noch viele Belege. So z. B. *lât dich ez got geleben* bei Diemer, deutsche Gedichte des eilften und zwölften Jahrhunderts 25, 11; *wi chûme ez Jacob gelebete, daz diu wîhe wart getân* ebenda 23, 17; *vil chûme gelebet si die naht* Hoffmann, Fundgruben 1, 180, 30; *sindt ich daz geleben solde, daz dû* u. s. w. Heinrich von Veldeke, s. bei Ettmüller S. 472 Anmerkung zu 342, 38 die Lesart von G; *wie gerne ich daz gelebete* Kudrun 616, 4; *ob sis geleben kunden* Klage 124; *got welle daz ichz niht gelebe* Iwein 4490; *ezn gelebte nie kein man deheinen lieberen tac* ebenda 7498—9; *er gelebt im nie leidern tac* Erec 104; *geleben wir morgen den tac* ebenda 8579; *gelebte s'morne den tac* der arme Heinrich 526; *done gelebete nie sô lieben tac* Gramoflanz Parzival 720, 26; *min dienst gelebet noch die zit* ebenda 90, 2; *müeste ich noch geleben daz ich die rôsen mit der minneclichen solde lesen* Walther 112, 3; *helfet mir, daz ich gelebe, daz im der rede werde buoz* Âmis 2260 bei Lambel, Erzählungen und Schwänke (Leipzig 1872), S. 90; *nû wie getorstet ir geleben* Otte mit dem Barte 135, ebenda S. 249; *wenn er sand Jacobs tag gelebt* Monumenta Zollerana, 4, 262. Vergl. mhd. Wb. 1, 955ª, Lexer 1, 807.

„*Einen trûrigen muot gewinnen*, von Trauer ergriffen werden, Nib. 187, 4; MF. 8, 23. 24" ist allerdings in dieser Weise bis jetzt nicht weiter nachzuweisen, doch findet sich Ähnliches sehr häufig; nemlich, von Anderem ganz zu schweigen, einerseits: *und gewan einen niuwen muot* der arme Heinrich 1245; oder *gewinnen hôhen muot* Walther 123, 16; *so gewan er niuwen hôhen muot* Parzival 742, 5; *der ie rehten muot gewan* Iwein 7359; *wan alsô schalclichen muot gewan nie riter dehein* ebenda 2506—7; *gegen ir ich nie valschen muot gewan* MSH. 2, 58ª. Vergl. mhd. Wb. 3, 710ᵇ f. Andererseits ist die Verbindung von *muot* mit einem Adjektiv zur Bezeichnung des Gemüthszustandes, der Stimmung, durch zahllose Beispiele belegt, und es möge hier nur hervorgehoben werden, dass der Ausdruck *trûriger muot* sich nicht bloss in den Nibelungen findet; z. B. *den trûric muot* bestricket hât der Winsbeke 8, 8; duo chod Judas trûriges muotes Genesis in Hoffmanns Fundgruben 2, 68, 22; vergl. mhd. Wb. 2¹, 245ᵃ—8ᵃ, Nr 3, Lexer 1, 2242. Es ist somit blosser Zufall, dass der Ausdruck *trûrigen muot gewinnen*, der nichts Aussergewöhnliches an sich hat, sich sonst nirgends bis jetzt nachweisen lässt, und dem Zusammentreffen kann hier keine stringente Kraft beigemessen werden.

Daz lant rûmen Nib. 67, 2 AB; 250, 3—4; 351, 4; 422 1; 646, 4 und öfter; MF. 8, 7; 9, 32. „*Rûmen* mit bestimmtem Objekt; verlassen. Am häufigsten verbunden mit *lant* (im Singular wie Plural), bald vom Flüchtig werden, bald vom blossen Gehen in die Fremde, vom Abreisen, gesagt, mit und ohne Dativ der Person, die die Veranlassung der Entfernung ist, sie erzwingt." mhd. Wb. 2¹, 790ᵇ. Der Ausdruck ist auch sonst überaus häufig: *si wolden roumen daz lant* Exodus bei Diemer 156, 12; *dô si roumeten daz lant* ebenda 158, 37; *der künec sweret, daz dû im daz lant rûmest, komest dû vüre niht* Reinhart Fuchs bei Grimm 1670; vergl. ebenda 1805; *si rûmten Sigebandes lant* Kudrun 66, 4; *durch nieman rûment si ir lant* Biterolf 5141; *dô ich den viânden mîn muose rûmen mîniu lant* Klage 993—4; *er muoz mir diu lant rûmen od ez gêt im an sîn leben* Alphart 59, 2; *er muoz mir diu lant rûmen wan mir dienet Römisch rich* ebenda 64, 4; *si müesten rûmen uns diz lant* ebenda 179, 4; *weste ich, weme ich die liez, ich rûmte mit iu diu lant* der Rosengarte 247, bei von der Hagen und Büsching, deutsche Gedichte des Mittelalters, erster Band; *o wê nû muoz ich sicherliche alliu lant rûmen vor Dietriche* Rabenschlacht 461, 5—6; *do du rûmdes Brôbarz daz lant* Parzival 781, 20; *des landes vürsten . . . . . rûmden durch strît daz lant* Barlaam und Josaphat 262, 14; *sus gedâhte er rûmen daz lant* Hartmanns Gregorius 462; *der kristen man dâ wênic rant: gerûmet hâten sie daz lant* Barlaam und Josaphat 224, 21—2; *sin lant ind ouch sin êre rûmen* Karlmeinet bei A. von Keller 29, 60 f.; vergl. 28,

34 f.; *durch mich rûmdet ir de lant* ebenda 86, 59; *de mit eme gerûmet hadden dat lant* ebenda 96, 1; *ind mit ûch rûmen dit lant* ebenda 239, 57; *dat sî rûmen de lant solden* ebenda 260, 37; *die hûnt gerûmet dat lant* ebenda 498, 20;[1]) *einer gerûmet hât diz lant* Virginal 811, 4; *sie rûment mir daz lant* Willehalm von Ulrich von Türheim 134^b; vergl. Eraclius bei Massmann 2369; die Chroniken der deutschen Städte, 8ter Band (Leipzig 1870. 8º.) 56, 31; s. Lexer 2, 535. Bartsch verzeichnet in seinen Untersuchungen S. 362 ausser den schon angeführten noch folgende Belegstellen für diesen Ausdruck: Kudrun 274, 4; 282, 3; 312, 2; 455, 1; 552, 1; 799, 2; 1603, 2; 1694, 1; Klage (nach Holtzmann) 376; 852 f.; 2635; Biterolf 206 f.; 446; 2292; 4301; 5294 f.; 6362; 7520; 7664; 8176 f.; 11806; 11921; 13036 f.; 13419; Alphart 65, 3; 176, 4. Bartsch findet die wörtliche Übereinstimmung zwischen MF. 8, 7 und Alphart 59, 2; 64, 4 bemerkenswerth, doch erklärt sich diss wohl einfach daraus, dass das Versmaass in beiden Gedichten dasselbe ist. So konnten sich die Worte bei verschiedenen Dichtern leicht in derselben Ordnung gruppieren. Andere Verbindungen mit *rûmen* bringen Grimm, Grammatik 4, 333 f., das mhd. Wb. 2^1, 790^a—1^b und Lexer 2, 535 f., wozu hiermit nachgetragen wird: zu den Verbindungen mit Substantiven, Kudrun 457, 4; 628, 1; 729, 2; 902, 4; Biterolf 3168; 9129; 9377; 10197; 11095; 11918; 12769; 12820; 12887; (nach Bartsch, Untersuchungen S. 362.); Parzival 53, 14; Gregorius 1644; 2639; Meier Helmbrecht 1725 bei Lambel a. a. O. S. 184; Reinke de Vos, hrsg. v. Karl Schröder, 1842; zu denen mit dem allgemeinen Objekte *ez*: Parzival 54, 8; Erec 754; 2790; 2978; Reinke de Vos, Überschrift III, 3; 4457. In mehreren der oben angeführten Beispiele ist der karakteristische dativus ethicus, wie in dem Kürenbergischen Liede, ebenfalls vorhanden,

---

[1]) Vergl. Bartsch, über Karlmeinet S. 318.

während derselbe an keiner der aus den Nibelungen beigebrachten Stellen sich findet.

Pfeiffers Angabe FF. S. 26, dass der Ausdruck nirgends häufiger, als in den Nibelungen erscheine, ist also nicht als erwiesen zu betrachten.

„*Sich eines dinges genieten,* sich mit etwas zu schaffen machen, gern damit beschäftigen: Nib. 997, 2. MF. 8, 8." FF. S. 26. Diese Bedeutung hat der Ausdruck allerdings MF. 8, 8. So auch: *nû wil ich mich des scharpfen sanges ouch genieten* (befleissen) Walther 32, 7; *dâ habt ir iuch genietet .... einer langen arbeit* Iwein 7960. Hierher gehören auch die zahlreichen Beispiele, welche das mhd. Wb. 2^1, 349^b f. unter 2, a, und Lexer 1, 858; 2, 79 bringen, wozu noch nachgetragen wird: Reinke de Vos 3875 und 5544. Dagegen bedeutet *sich genieten* Nib. 997, 2

drî naht und drî tage   wil ich in lâzen stân.
unz ich mich genicte   mîns vil lieben man.

„sich ersättigen an .....," wofür ebenso zahlreiche Belege im mhd. Wb. 2^1, 350^{ab} (vergl. Lexer 2, 79 f.) verzeichnet sind. Weitere Belegstellen finden sich bei Lambel, Erzählungen und Schwänke: *daz bloch* 565; *daz maere von der minne* 493.

Pfeiffer hat also die beiden Stellen mit Unrecht verglichen. Jedesfalls aber ist der Ausdruck in der einen wie in der andern Bedeutung sehr häufig gebraucht worden.

„*Es wirt vil wol versüenet* Nib. 626, 2. *der uns vil wol versuonde* MF. 9, 19." FF. S. 26. Bartsch, Untersuchungen S. 362, fügt noch bei: Nib. 838, 1. Auch dieser Ausdruck findet sich in andern Gedichten häufig: 1) mit Accusativ der Sache, *frouwe dû hâst virsuonit daz Êve zirstôrte* Wackernagel Lesebuch 1^1, 261, 9; *daz dû mit dînen wunden, mit dînem sêre versüenet und geheilet hâst den bruch* ebenda 1038, 23 f.; *sus wart versüenet der zorn* Iwein 8136; vergl. das Anegenge 21, 42 bei Hahn,

Gedichte des zwölften und dreizehnten Jahrhunderts (Quedlinburg 1840); *ir sluogel minen rhein. deist doch versüenet* Tristan 11582; *die missetât versüenen* Konrads Trojanischer Krieg bei A. von Keller 33985; *daz dû versüenest dîne schult* ebenda 26527; *nû diu grôze unminne gegen der küniginne mit friuntlicher sicherheit versüenet wart* ebenda 47079 ff.; *diu rêhede wirt versüenet* Pfeiffers deutsche Mystiker 1, 110, 23. 2) mit Accusativ der Person, seht, *die versuonde Gahmuret* Parzival 100, 22; *sô sîn wir versuonet undereinanderen*, speculum ecclesiæ bei Kelle 156; *die zwên (den tiuvel und den man) nieman versüenen kan* Freidank 6, 6; *die fliute versüenen* Buch der Natur von Konrad von Megenberg bei Pfeiffer 468, 24. Bartsch, Untersuchungen S. 362, bringt noch folgende Stellen bei: Kudrun 131, 3; 159, 1; 834, 4; 839, 4; 1602, 3; 1624, 1; Biterolf 2993; 12609. Vergl. mhd. Wb. 2², 750ᵇ, wo auch Beispiele für den reflexiven Gebrauch dieses Verbums sich finden.

FF. S. 27. *Einem ein dinc benemen*. Dieser Ausdruck kommt mit dem Accusativ der Person, wie Nib. 509, 3; 974, 3; 1925, 4; MF. 7, 23, auch sonst häufig vor: *ub er in in sô benâme daz er sînem vater wider chome* Genesis in Hoffmanns Fundgruben 2, 54, 24; *si deme tiuvale pinâme* ebenda 2, 82, 29; *got der hât in uns benomen* der arme Heinrich 506; *der [man] ist alze gâhes mir benomen* Hartmanns Lieder 14, 15; *wer hât benomen mir dînen lîp?* Parzival 302, 8; *hât dich bi lichter sunnen hie mir benomen* ebenda 302, 15 f.; *die hânt mich mînem vater benomen* Tristan 2595; *und hæte sich iu niht benomen* Barlaam und Josaphat 197, 26. Dagegen kommt der Ausdruck mit dem Accusativ der Sache auch in den Nibelungen oft vor: *in was ir leit benomen* 654, 3; *in wart michel müede benomen* 699, 2; *ir was ein teil ir swære mit grôzen vreuden benomen* 1249, 4; *êren . . . . die ir Hagenen hant mit Sifrides tôde hête gar benomen* 1332, 2—3; *des ist der küniginne vil michel trûren benomen* 1751, 4. Auch in dieser Verwendung findet sich der Ausdruck überaus häufig. So öfter im Iwein: *wie er iu alle iuwer êre benæme, danne si dâ tuot* 852 f.; *mir'n werde min riterschaft benomen* 913; *ode mir den muot beneme von ir* 1652; *daz hât im ..... ein selch unmuoze benomen* 2519; *daz hete die sinne dem künege vil nâch benomen* 4588; *den benam daz gâhen* 4692; auch sonst bei Hartmann häufig: *er reit uns im'z diu naht benam* Erec 2475; wörtlich so Nib. 2022, 1; Kudrun 879, 1; Biterolf 11393; 11401; Genesis 2890;[1]) *dô man ir diu ros benan = benam* Erec 3648; *im ze benemen sîn ungemach* ebenda 5664; *wan si mir fröude gar benement* erstes Büchlein 60; *ê ich von dir die sinne benim* ebenda 1836 f.; *der [kumber] mir mit êren wart benomen* zweites Büchlein 490; *im beneme ein krankez wîp bêde sinne unde lîp* ebenda 547; *der küneges name ist iu benomen* Walther 11, 31; *die mir in dem winter fröide hânt benomen* ebenda 73, 23; *[er] nimet dir swaz uns hâst benomen* ebenda 67, 18; *stig unde wege sint in benomen* ebenda 8, 23; *uns ist erloubet trûre und fröide gar benomen* ebenda 124, 27; *... allen, den diz süeze guot beniml der welte unstæter muot* Barlaam und Josaphat 10, 39 f.; *daz unser herre alsus benimt der krône sô grôz êre* ebenda 44, 20 f.; *daz sîn zil und ouch sîn komen unsern sinnen ist benomen* ebenda 91, 21 f.; *daz binam er mit süezer rede in* Ludwigs des Frommen Kreuzfahrt 2584; *dem er benam gewaldecliche sîn erbeteil* die Deutschordenschronik des Nicolaus von Jeroschin bei Pfeiffer 173ᵃ. Weitere Beispiele bei Grimm, Grammatik 4, 638, im mhd. Wb. 2¹, 373ᵇ—4ᵃ und bei Lexer 1, 179—80, wo nachzutragen ist: König Rother 4925; Âmis 898; Reinke de Vos 1468.

Künde gewinnen, mit jemand bekannt werden. Nib. 89, 4; 449, 4; 1255, 4; MF. 7, 22. Bartsch, a. a. O.. S. 362, fügt noch Nib. 540, 4 bei, bemerkt aber zugleich, dass der Ausdruck

---

[1]) Vergl. Jänicke zu Biterolf 11393 (Deutsches Heldenbuch, erster Band, S. 274).

auch im Biterolf nicht selten ist, so: *mir ist leit daz ich niht ê gewan künd ê ich hete hie gestriten* 1094 f.; *des ich künde ie gewan* 5172; *der ich noch künde ie gewan* 10216. Ferner: *durch uns gewan er des chruzzes kunde* Wackernagel Lesebuch 1¹, 176, 25; *si gewunnens künde* Kudrun 79, 2; *den aller tiuresten man des ich ie künde gewan* Iwein 7417 f.; *der ich ie künde gewan* Hartmanns erstes Büchlein 125; *sît ich din künde ie gewan* ebenda 1735; *den aller schœnsten alten man des er künde ie gewan* Parzival 240, 27 f.; *mit schen gewan er künde* ebenda 398, 22; *wie gewinne ich künde dises man* ebenda 519, 19; *der toufes künde nie gewan* ebenda 735, 4; *sît gewan ich strîtes künde* ebenda 771, 8; *swâ man sin künde ie gewan* ebenda 825, 7; *dô er des künde êrst gewan* Barlaam und Josaphat 26, 30; *deich künde iuwer ie gewan* Âmîs 1479. Vergl. mhd. Wb. 1, 813ᵃᵇ; 3, 710ᵇ.

S. 27 f. MF. 8, 21 *sô erblüejet sich mîn varwe*; Nib. 239, 4 *dô erblûcte ir liehtiu varwe*; vergl. 291, 2. Man vergleiche: *Sigûnen glanz sol dîne varwe erblüen nâch den blielichen bluomen* Titurel bei Bartsch 109, 4; *ir kuslîch gemüte sô lustlich sich erblûte* das alte Passional bei Hahn 10, 62; *der schîn der von ir ougen gât, der tuot mich schône blüejen* MF. 69, 19—20. S. mhd. Wb. 1, 216ᵃ, Lexer 1, 618. Lachmann liest MF. 8, 21 *erbliuget* („schüchtern werden, erblassen"). Man vergleiche: *erzamen und erblûgen muost allez wilt* Konrads Trojanischer Krieg bei A. von Keller 6038 f.; *des wart der grâve erbliuget* Lanzelet 3263 (transitiv: „einschüchtern"). S. mhd. Wb. 1, 215ᵃ, Lexer 1, 617.¹)

Ebensowenig kann der Schluss befriedigen, welchen Pfeiffer a. a. O. S. 28 aus den beiden Gleichnissen beim Erscheinen der Kriemhild, Nib. 280—2, zieht; als ob nicht auch der Epiker, wenn er das Auftreten seiner Heldin schildert, Aufforderung

---

¹) Vergl. Pfeiffer, Germania 3, 485 f. Haupt in seiner Zeitschrift 11, 575.

genug hätte, etwas Farbe zu nehmen, eine Thatsache, die durch alle epischen Gedichte der Welt bestätigt wird! Es genügt, auf die von J. Zingerle in Pfeiffers Germania 13, 294—301, besonders S. 295 f. 299, mitgetheilten zahlreichen und schlagenden Stellen, „Vergleiche bei mittelhochdeutschen Dichtern," hinzuweisen, um zu zeigen, dass wir es hier nicht mit einer specifischen Eigenthümlichkeit zu thun haben, welche eine besondere Verwandtschaft der sogenannten Kürenbergischen Lieder und der Nibelungen zu begründen geeignet wäre.[1])

Gilt diese Bemerkung, wie wir gezeigt zu haben glauben, auch von den andern Vergleichungspunkten, auf welche sich Pfeiffer beruft, so haben wir nun weiter zu prüfen, was Thausing, Nibelungen-Studien S. 4 ff., zur Stütze der Pfeifferischen Hypothese beigebracht hat. Er vergleicht Nib. 1723, 2 f. *einen ridelbogen starken, gelich eime swerte* mit MF. 8, 31 f. *jou mein ich golt noch silber: ez ist den liuten gelich.* Vergl. Bartsch a. a. O. S. 362.

Jakob Grimm bespricht das Wort *gelich* in der Grammatik 4, 748, und bringt als erstes Beispiel unsere Stelle MF. 8, 31 f., ferner: *sie bêde dem tôde wârn gelich* Parzival 573, 28; *und dâ was ir hâr und ir lich so gar dem wunsche gelich* Iwein 1334 (doch vergleiche man die Anmerkung zu der Stelle in der Ausgabe von Benecke und Lachmann): *âventiur sô werdeclîch, diu âventiure wære glîch* Parzival 648, 22; *er was doch ie sô werlîch, der werden wer alsô gelich* ebenda 532, 28; *alrêrst strîte ist er gelich* 562, 6; *sîn tât dem prîse ist gar gelich* ebenda 717, 28; *ez was den frôuden dâ gelich* ebenda 638, 24; *die komen zühte site gelich* ebenda 167, 4; *daz wære gelich der wârheit* der heilige Georg von Reinbot 4004, im ersten Band der deutschen Gedichte des Mittelalters von von der Hagen

---

[1]) Man vergleiche noch: Zeitschrift für die österreichischen Gymnasien, 17ter Jahrgang 1866, S. 622. (W. Scherer.)

und Büsching; *disiu rede ist wunderlich sist iedoch der wârheit gelich* das Anegenge 15, 64; *die zwên dem lône wârn gelich* Willehalm 249, 20; vergl. Mai und Beaflor 114, 26. S. mhd. Wb. 1, 972ᵃ, Lexer 1, 813. Grimm empfiehlt die für sämmtliche Stellen passende neuhochdeutsche Wendung „nach etwas aussehen." Zupitza[1]) weist hin auf die schon in der Anmerkung zu der Stelle in MF. S. 230 mitgetheilten Verse aus der Fabel von dem Wolfe und der Geiss *manec wolf in den drûch gât, der nâch den liuten ist geschaffen* Reinhart Fuchs S. 311, und auf *daz alsô manec bilde in vrouwen wis gewartet hât* für *manec vrouwe* Virginal 261, 10 f.

Somit kann auch diesem Ausdruck keine beweisende Kraft zuerkannt werden.

S. 5 bespricht Thausing das Wort „*megetin*," MF. 10, 10. Anderweitige Belege geben das mhd. Wb. 2¹, 3ᵇ und Lexer 1, 2006.

Dass die „beliebte Antithese" der Nibelungen, *liebe* und *leit* sich MF. 7, 19 f. und 9, 23 auch findet, soll nach Thausing, a. a. O. S. 5, ebenfalls einen Beweis für Pfeiffers Hypothese bilden. Was aber liegt dem Lyriker näher, als *liebe* und *leit*, die überdiss durch Alliteration verbunden sind? Diss ist so einleuchtend, dass es fast unnöthig erscheinen dürfte, Belegstellen für den Ausdruck anzuführen; dennoch soll der einmal betretene Weg auch hier eingeschlagen werden. So vergleiche man denn: *liep âne leit mac niht gesîn* Dietmar von Eist, MF. 39, 24; *dô wonte under in zwein liebe bî leide* Iwein 7485; *des andern liep unde leit* ebenda 2713; *diu hete liep bî leide* Erec 4501; *dâ bî was ir ein liep geschehen, daz er den sige an leide nam* ebenda 5610 f.; *mîn liep vor leide nâch verswant* Hartmanns erstes Büchlein 1679; *sît liep sô leides ende gît* derselbe in MF. 217, 35; vergl. MF. 214, 5. 7; *hiute liep morne leit*

---

[1]) Über Franz Pfeiffers Versuch den Kürenberger als den Dichter der Nibelungen zu erweisen. [Oppeln 1867.] (7. S. gr. 8⁰.) S. 3.

Sankt Alexius Leben bei Massmann S. 124[b] (F Alexius 489); wörtlich dasselbe Freidank 31, 16 (vergl. Einleitung XCII. XCV.) und Parzival 103, 24; *leide und liebe* (Adverbia) *im dran geschach* ebenda 193, 20; *helt, din unbetwungen eit git mir gróz liep unt krankez leit* ebenda 270, 26; *ir habet mir liep unt leit getân* ebenda 308, 12; *leit ze liebe wart verkêret* ebenda 459, 28 f.; *er wurbe liep oder leit* ebenda 625, 8; *dô wir ein wol, dô wir ein wê, eine liebe unt eine leide gemeine truogen beide* Tristan 19485; *er git ouch ie nâch liebe leit* Wigalois 94, 31; *liep zergât mit leide* ebenda 200, 2; *liep unde leit* Walther 7, 6; *gemeine liep daz dunket mich gemeinez leit* ebenda 71, 16; *liep wirt selten âne leit* Freidank 85, 17; *diu liebe unt diu leide* Heinrich von Morungen, MSH. 1, 123[b]; *ez tuot ein leit nâch liebe wê: sô tuot ouch lihte ein liep nâch leide wol* Reinmar der Alte, MF. 162, 34 f.; *mir ist min liep ein herzeclichiu swære, sô ist dâ bî daz leit min hôhste vröude gar* Walther von Metze, MSH. 1, 308[a]; *leit mit liebe tragen* Rubin, ebenda 1, 318[b]; *ich suohte liep: dô vant ich leit* Singenberg, ebenda 1, 289[a]; *ich hân liep mit senender leide* Günther von dem Vorste, ebenda 2, 164[a]; *leit ist liebes nâchgebûr* der wilde Alexander, ebenda 2, 364[b]; *dicke liep nâch leide kumt* Neidhart, ebenda 3, 206[a]; *wêr dorch lîf noch dorch lêt* Reinke de Vos bei Schröder 2044; *liep und leit vernemen* Karlmeinet 1, 56; 2, 6. 27; *durch liebe noch durch leide* Trojanischer Krieg 9079; *bi leide erkenne ich liep* der Kanzler, MSH. 2, 391[a]; *nâch kurzem liebe langez leit* der wälsche Gast des Thomasin von Zirclaria 7410; *sich getrœsten liebes unde leides* Ortnit bei Mone S. 52; *lieb pringt laid als hitz den regen* Hätzlerin 54[a]; vergl. Virginal 622, 1; Kudrun 24, 3 und Martins Anmerkung zu der Stelle; Leyser, deutsche Predigten des dreizehnten und vierzehnten Jahrhunderts 44, 15 und 16. S. mhd. Wb. 1, 981[a]. 1014 f., Lexer 1, 1871 f. 1911.

S. 5—6 legt Thausing Werth darauf, dass der Ausdruck *hôher muot* MF. 10, 24 so und ähnlich in den Nibelungen sich findet. Diss ist gewiss nicht auffallend bei einer dem Mittelalter so geläufigen Eigenschaft. Es finden sich denn auch zahlreiche Beispiele im mhd. Wb. 1, 696ᵃᵇ: 2¹, 244—6. Vergl. oben S. 22 und MF. 3, 13:

Tougen minne diu ist guot,
si kan geben hôhen muot.

min muot sol aber hôhe stân MF. 14, 27; *der mac wol hôhe tragen den muot* MF. 16, 7.

S. 6 findet Thausing, dass aus Nib. 673, 2 erste Halbzeile *als ich dar an gedenke* C und 1442, 4 zweite Halbzeile *des stât mir hôhe der muot* sich MF. 10, 23—4 herstellen lässt:

als ich dar an gedenke, sô stât wol hôhe min muot.

Daraus lassen sich weitergehende Schlüsse nicht ziehen, denn MF. 17, 1: *swenn ich dar an gedenke*, lautet ebenfalls wörtlich so wie Nib. 673, 2 in B, und MF. 10, 24 ist, wie wir eben nachgewiesen haben, ein sehr verbreiteter Ausdruck. Auch ist zu beachten, dass das Versmaass übereinstimmt. Überdiss bedenke man, dass die Anfänge der Lyrik von dem epischen Volksgesang noch bedeutend beeinflusst werden, und daher bei ersterer Anklänge an letzteren erklärlich sind, ohne für die Identität eines Lyrikers mit einem Epiker zu sprechen. Vergl Bartsch, Untersuchungen S. 353.

Wie Thausing sucht auch Bartsch zu Pfeiffers gunsten noch Einiges beizubringen. So vergleicht er, a. a. O. S. 362, MF. 9, 24 (*lieb unde leide*) *teile ich sament dir* mit Nib. 126, 3; 309, 4; 639, 1; 641, 4; 2166, 1, kann aber nicht umhin, auch aus Kudrun drei Stellen, 32, 3; 309, 2; 316, 2, beizubringen. Man vergleiche ferner: *ich teiltes ie mit helden* Kudrun 253, 3; vergl. Martin zu Kudrun 708, 3; *swaz ich ze teilen hân mit dir* Virginal 633, 12; *mit dem teilt er den gürtel sô* Wigalois 17, 4: *so teilt mit mir geliche* ebenda 91, 15; *unt wil doch noch samt ir teilen i* MSH. 1, 89ᵃ. S. mhd. Wb. 3, 26ᵇ.

Dass der Ausdruck *die wile unz ich daz leben hân* MF. 9, 25 in den Nibelungen 759, 4; 990, 3; 1223, 4 C; 1716, 3; 1720, 3; 2040, 3 AB; 2305, 3 ähnlich widerkehrt (Untersuchungen S. 363), dürfte wohl kaum als Beweis beigebracht werden, denn Ähnliches findet sich auch sonst häufig; so *die wile die er leben sol* des Strickers Karl bei Bartsch 430; *die wile daz ez mohte leben* Heinrich von Veldeke 346, 9; *die wile daz er leben sol* der arme Heinrich 621; *die wile daz sie lebeten hie* Barlaam und Josaphat 113, 26; *die wile si lebent und er* Iwein 6368; *ich dien' ir alle die wile ich lebe* MSH. 1, 63ᵃ. Mit andern Zeitwörtern in derselben Weise als Conjunction verbunden kommt *die wile* häufig vor, so z. B. Iwein 1025; 3516; 6291; 6611; Parzival 110, 20; 220, 17; 330, 18; 392, 3; 412, 26; 485, 9; 753, 15; Walther 34, 34; 64, 24; 70, 27; Tristan 16; 11864; des Strickers Karl 9158; 9248; Konrads von Würzburg Trojanischer Krieg bei A. von Keller 41451; *daz bloch* von dem Stricker 149, bei Lambel S. 108; Heinrich von des Todes Gehügede 94; Lamprechts Alexander bei Weismann 1, 4032; Flore und Blanscheflur von Konrad Flecke 5718; das Passional bei Köpke 102, 17; Judith 178, 19 bei Diemer, deutsche Gedichte des eilften und zwölften Jahrhunderts; deutsche Mystiker bei Pfeiffer 1, 263, 15. 310, 12 und 14. Vergl. mhd. Wb. 3, 669ᵇ. Diese Sammlung liesse sich noch vermehren. Dass auch in den Nibelungen Stellen vorkommen, wo *die wile* als Conjunction mit andern Zeitwörtern als *leben* verbunden ist, versteht sich von selbst; hier indess einige Beispiele: 1045, 3; 1293, 1; 1720, 3.

Der Ausdruck *daz isengewant bringen* MF. 9, 29 f., womit Bartsch, a. a. O. S. 363, *nu brinc mir min gewant* Nib. 395, 1; *bringet mir min gewæfne* 1965, 4 vergleicht, findet sich auch sonst: *vil schiere brâhter ime nâ sin ros unt sin isengwant* Iwein 964 f.; zu Nib. 395, 1 vergl. *er brâht' im kleider dar getragen*

Parzival 628, 17; ferner Virginal 257, 12; Parzival 245, 23; Kudrun 40, 1. Vergl. mhd. Wb. 3, 684ᵃ, Lexer 1, 1456.

Auch darauf legt Bartsch Gewicht, dass MF. 8, 20 dieselbe Anrede *ritter edele* gebraucht wird, die sich oft in den Nibelungen findet. Diss dürfte wohl auf Rechnung der allgemeinen gesellschaftlichen Formen zu setzen sein.[1])

Es schien nöthig, im Vorstehenden etwas weiter auszuholen, und die Belege so vollständig, als es mit den zu gebot stehenden Mitteln möglich war, zu geben. Aus den angeführten zahlreichen Beispielen geht jedesfalls unzweifelhaft hervor, dass die von Pfeiffer aufgezählten Fälle von Übereinstimmung zwischen den sogenannten Kürenbergischen Liedern und den Nibelungen für dessen Hypothese keinen Beweis liefern, denn in den weitaus meisten Fällen findet sich derselbe Ausdruck auch sonst häufig. Und ist es nicht immer gelungen, einen Ausdruck in der übrigen Literatur wörtlich so nachzuweisen, wie er in den Liedern und den Nibelungen erscheint, so mag diss theils daran liegen, dass die Literatur des Mittelalters nur bruchstückweise überliefert ist, und auch das Vorhandene speciell für die vorliegende Untersuchung nicht vollständig durchforscht werden konnte, theils in dem Umstand seinen Grund haben, dass manche Ausdrücke eben überhaupt seltener gebraucht werden als andere. Doch dürfte das hier Gegebene für unsern Zweck vollständig genügen.

---

[1]) Den im Vorhergehenden gesammelten Beweismomenten gegenüber fallen die Bemerkungen Bartschs in seinen Untersuchungen S. 355 ff., 358 ff. nicht sehr ins Gewicht. Die Übereinstimmung in der Behandlung der Nibelungenstrophe in den Liedern und in dem Epos ist wohl darauf zurückzuführen, dass aus den Volksgesängen, die ja ihre einmal angenommene Form lange sich bewahren, manches Alterthümliche in das Epos übergegangen ist. Wären uns mehrere in der Nibelungenstrophe verfasste Volksepen in älterer Fassung erhalten, so liesse sich unzweifelhaft auch von dieser Seite aus entsprechendes Material gegen Bartschs Annahme beschaffen.

Dass auch sonst von nachweislich verschiedenen Dichtern dieselben Ausdrücke verwendet werden, eine Sache, die überhaupt nichts Auffallendes hat, mögen einige Beispiele zeigen, die sich noch leicht vermehren lassen: *i sich verwandelôt diu zît* MF. 6, 7 namenloses Lied; ähnlich *sît sich verwandelt hât diu zît* MF. 19, 7 der Burggraf von Rietenburg; *sich hât verwandelôt diu zît* MF. 37, 30 Dietmar von Eist; *kindescher man* MF. 4, 10 namenloses Lied und Anmerkung S. 225 f., wo viele Belege gesammelt sind; vergl. mhd. Wb. 1, 819^b, Lexer 1, 1573; *daz nident ander vrouwen* MF. 4, 30 namenloses Lied, wörtlich so MF. 13, 29 Meinloh von Sevelingen; ähnlich *daz nident schæne frouwen* MF. 37, 15 Dietmar von Eist; *daz nident ander liute* Neidhart 24, 6. Zu *bite in daz er mir holt sî* MF. 7, 6 „Kürenberg" vergl. *unde bist mir dar zuo holt* MF. 5, 12 namenloses Lied; ferner Walther 26, 8; 119, 21; Gregorius 1278; Parzival 9, 5; Tristan 4473; zu *dô ich in ze jungest sach* MF. 7, 9 „Kürenberg" vergl. *sit er nu jungest von dir schiet* MF. 14, 8 Meinloh von Sevelingen; ferner König Rother 373; Erec 5551; Iwein 3300; Tristan 854; Âmîs 788; Meier Helmbrecht 335; Parzival 258, 11; zu *ez gât mir vonme herzen* MF. 9, 13 „Kürenberg" vergl. *mir gât einez ime herzen* MF. 85, 23 Graf Rudolf von Fenis. Auf MF. 10, 23 und 17, 1 ist schon oben S. 32 hingewiesen worden. Man vergleiche ferner: *wol getâne, valsches âne* MF. 59, 7 f. Veldeke; wörtlich so Walther 119, 8. 9 und MSH. 1, 164^a Ulrich von Winterstetten; ferner zu *wol getâne* Walther 74, 21; 75, 9; Kudrun 191, 4; 763, 4; 771, 4; Erec 1775; Parzival 29, 2; zu *valsches âne* Parzival 16, 8; Âmis 435; 582; Kudrun 1214, 3; *als edele gesteine swâ man daz leit in daz golt* MF. 5, 14 f., *vil der edelen steine die frouwen leiten in daz golt* Nib. 31, 4; vergl. MSH. 4, 4^b–5^a. Zu *nu merke et wiech daz meine* MF. 5, 13, namenloses Lied, bringt die Anmerkung vier Stellen, von denen eine, Eckenlied 212, 6, fast wörtlich so lautet, die drei andern, Karlmeinet bei A. von

Keller 231, 45, Lanzelet 11 und 2623 ganz ähnlich sind; vergl. ferner Virginal 87, 10; 165, 6; 212, 6; 622, 10; 656, 3; auch 518, 10, bei Zupitza im deutschen Heldenbuch, 5ter Theil, (Berlin 1870) Einleitung S. XX. Auch auf *soltu immer herzenliche zer werlde werden vrô daz geschiht von mannes minne* Nib. 16, 2; *âne minne wirdet niemer herze rehte vrô* Walther 14, 9 darf hier hingewiesen werden. Hat Walther die Stelle in den Nibelungen nachgeahmt? Bewiesen ist diss nicht. Auf manche Übereinstimmung Walthers und der Nibelungen hat von der Hagen (MSH. 4, 186) aufmerksam gemacht; vergl. Holtzmann, Untersuchungen S. 186 f. Man vergleiche noch die Anmerkungen zu MF. 3, 8; 3, 20; 4, 4; 4, 17; 5, 36 ff.; 8, 15; 16, 14; 25, 3; 26, 28; 29, 29; 30, 26; 30, 34; 33, 5; 40, 24; 58, 11; 84, 12; 86, 7; 87, 27; 89, 23; 113, 32; 114, 39; 127, 13; 131, 24; 145, 23; 167, 29; 206, 15 und Lachmann zu Walther 6, 37; MF. 214, 21. 33; 243, 35 f. Auch die Anmerkungen zum deutschen Heldenbuch (Berlin 1866 ff.) könnten hier beigezogen werden, doch möge es genügen, hiermit darauf hinzuweisen.

Auch die Kudrun zeigt vielfache Übereinstimmung mit den Nibelungen. Ziemann zählt diese Parallelstellen in seiner Ausgabe der ersteren S. 209—13 auf. Martin[1]) bemerkt, dass Entlehnung nicht überall angenommen werden darf, sondern dass die gemeinsame Quelle für die sprachliche Form in beiden Gedichten der epische Sprachgebrauch ist. Wirkliche Nachahmung kann nur für die Zusätze angenommen werden, in welchen sogar die Nibelungenstrophe widerkehrt. Viel eigenthümlicher aber sind die Einzelheiten, welche der Kudrun mit Biterolf gemeinsam sind, und auch mit der Klage kommt der Sprachgebrauch der Kudrun zuweilen überein.

---

[1]) Kudrun (Halle 1872) Einleitung S. XXXIII.

Alle diese Fälle von Übereinstimmung erklären sich daraus, dass die Dichter des Mittelalters, wie alle Dichter aller Zeiten, aus dem jeweils vorhandenen gemeinsamen Sprachschatz schöpfen. So haben die mittelhochdeutschen Dichter nicht nur unter sich Gemeinsames, sondern manches findet sich, dem allgemeinen Karakter der Zeit entsprechend, ebenso auch in den gleichzeitigen fremden Literaturen. Vergl. z. B. Friedrich Diez, die Poesie der Troubadours S. 262.

„Kürenberges wîse.'

Aus der bekannten Strophe:

ich stuont mir nehtint spâte an einer zinnen:
dô hôrt ich einen ritter vil wol singen
in Kürenberges wîse al ûz der menigin.
er muoz mir diu lant rûmen, ald ich geniete mich sîn.

MF. 8, 1—8

schliesst Pfeiffer FF. S. 18, dass die Nibelungenstrophe des *Kürenberges wîse*, also dessen Erfindung und Eigenthum, sei. Nun ist aber die Überschrift „*der von Kürenberc*," welche die Pariser Handschrift hat, augenscheinlich aus den Worten *in Kürenberges wîse* MF. 8, 5 gefolgert.

Einige specielle Beispiele mögen zur Bestätigung des Gesagten dienen.

Auf die in der Pariser und Weingartner Handschrift dem Kaiser Heinrich zugeschriebenen Lieder (vergl. die Anmerkung zu MF. 4, 17), ebenso darauf, dass Heinrich von Ofterdingen und Klinsor in verschiedenen Handschriften als Dichter des

Wartburgkrieges genannt werden, hat schon Zupitza, „über Franz Pfeiffers Versuch u. s. w." S. 5, hingewiesen.

Aber auch die Strophe MF. 20, 17—24 ist in folge von MF. 20, 17 f.

swer suochet rât und volget des, der habe danc,
alse min geselle Spervogel sanc.

in der Heidelberger und Pariser Handschrift unter die Sprüche Spervogels aufgenommen worden, während sie doch von einem *gesellen* desselben herrührt. Die eben angeführte Stelle bezieht sich auf den Schluss des unmittelbar vorhergehenden Spruchs, MF. 20, 15 f.,

(man) neme ze wîsem manne rât
und volge ouch siner lêre.

Sie beweist, dass Spervogel der Verfasser der MF. 20, 1—16; 20, 25—25, 12 abgedruckten Strophen ist. Vergl. Haupt in seiner Zeitschrift 11, 579; W. Scherer, deutsche Studien I Spervogel (Wien 1870), S. 9 f. 39. [1])

---

[1]) Simrock äussert sich über diesen Punct folgendermaassen: Wir erfahren in der Strophe MF. 20, 17 ff. nur nachträglich, dass die letzte in der Strophe MF. 20, 9 gegebene Lehre eigentlich von Spervogel herrührt, dem Gesellen des Dichters. Wie der Dichter selber geheissen habe, wird nirgend gesagt, und Spervogel wird er nicht geheissen haben: so hiess ja nur sein Geselle. Auch bei Heriger scheint Haupt im Irrthum in Bezug auf die Strophe MF. 26, 20 ff. Nicht von der Entkräftung eines Andern ist hier die Rede, sondern von der eigenen (vergl. Haupts Bemerkung MF. S. 238 zu 26, 20.). Das geht aus den folgenden Strophen MF. 26, 27—27, 12 hervor, wo der Dichter immer beklagt, dass er jetzt in seinem mühevollen Alter kein eigenes Haus habe, wofür er in der Jugend hätte sorgen sollen: „*des muoʒ ich nû mit arbeiten ringen.*" Der Dichter und jener Heriger, dem das Alter die Kraft benommen hat, sind also eine Person. Dass, wie Haupt bemerkt, die Übersetzung: „Das Alter ringt mich nieder" verunglückt ist, thut durchaus nichts zur Sache und hätte aus dem Spiele bleiben sollen. Haupts eigene Übersetzung der Worte: „*Mich müet daʒ alter sêre*" ist nicht ganz zufriedenstellend: statt **verdriesslich** sollte **beschwerlich** stehen. Unter

Wie fehlerhaft die Angaben der Liederhandschriften über die Verfasser sind, zeigen die Bemerkungen Pfeiffers zu seinen Ausgaben der Weingartner und namentlich der Heidelberger Handschrift, sowie die Anmerkungen zu „des Minnesangs Frühling."

Diese Unsicherheit steigert sich, je älter die betreffenden Dichter sind, weil in der frühesten Zeit die Individualität weniger scharf ausgeprägt, und die Formen nicht so manchfach, ja, wie bei den sogenannten Kürenbergstrophen, geradezu volksmässig waren. Dass von solchen volksmässigen Liedern ein Verfasser gewöhnlich nicht bekannt ist, wuste der Schreiber der Pariser Handschrift nicht, er brauchte aber einen Dichter für die ihm vorliegenden Lieder, und so griff er, wie die andern Schreiber auch, nach den im Text sich darbietenden Namen.

Aus MF. 8, 5 folgt also nur, dass es eine *Kürenberges wise* gab, nicht aber, wie dieselbe beschaffen war, ebensowenig, dass sie mit der Nibelungenstrophe identisch ist. Es ist ja nirgends gesagt, dass das Lied, welches die Frau hört, in derselben Form verfasst gewesen sei, wie die Strophe MF. 8, 1—8, in der sie davon spricht; auch MF. 9, 29—36 beweist diss nicht. Überhaupt ist *wise* hier in erster Linie eine Melodie,[1]) denn sie wird nach MF. 8, 3 f. gesungen. Somit ist durchaus kein Grund für die Annahme vorhanden, dass Kürenberg die unter seinem Namen überlieferten Strophen verfasst habe.[2])

---

den Beschwerden des Alters steht aber die Abnahme der Kräfte voran. Sowohl bei Heriger als bei Spervogel hat also die Pariser Handschrift einen falschen Verfasser angenommen wie es bei Kürnberg gleichfalls geschehen ist.

[1]) So auch Mone in der oben S. 8 angeführten Stelle aus dem badischen Archiv 1, 53.

[2]) Vergl. Simrock, altdeutsches Lesebuch, 2te Aufl. (Bonn 1859) S. 53; derselbe, das Nibelungenlied, Einleitung S. IX. Bartschs Beweisführung in der Germania 13, 242 f. können wir nicht beistimmen. Er geht davon aus, dass Kürenberg die unter seinem Namen überlieferten Strophen wirklich verfasst habe, eine Annahme, gegen die wir oben triftige Gründe beigebracht zu haben glauben.

Kürenberg kann aber auch nicht der Geliebte sein, denn die Frau, eine Landesfürstin nach MF. 8, 7, hätte sich durch öffentliche Nennung des Namens dessen, den sie liebt, blossgestellt. Die Sache erklärt sich vielmehr wie folgt. Die *Kürenberges wise*, welche der Ritter sang, war eine bekannte, verbreitete Weise. Der Gesang des Ritters gefiel der Frau so gut, dass sie in Liebe zu diesem entbrannte. Diese Weise war nun entweder ein von Kürenberg gedichtetes und komponiertes Lied (ein solches zu singen konnte dem Ritter ja niemand verwehren), oder aber hat dieser zu der schon vorhandenen Melodie Kürenbergs einen neuen Text gemacht. Letztere Annahme ist dem Wortlaut *in Kürenberges wise* gemäss die wahrscheinlichere. Doch lässt sich bezüglich des Textes eine Entscheidung nicht treffen, da die Frau auf der Zinne wohl nur die Melodie hören, nicht aber den Text verstehen konnte. Diesen darf man also füglich ganz aus dem Spiel lassen.

Einen weitern Grund gegen Pfeiffers Annahme leitet Simrock aus der Betrachtung der scheinbar klingenden Reime in den Kürenberggliedern und den Nibelungen her.

Diese Reime finden sich in den fünfzehn Kürenbergstrophen sechsmal, nemlich MF. 7, 20: 22; 8, 2: 4; 8, 10: 12; 8, 18: 20; 9, 6: 8; 9, 14: 16. In den Nibelungen lassen sie sich nach Bartsch, Untersuchungen S. 7 f., gemeinsam nur an folgenden Stellen nachweisen: 14; 1362; 1449; 1462; 1467; 1571; 1653; 1803; 1962; 2133. Ausserdem 13 BCD; 392, 5 (fehlt A); 2132, welche Strophe C fehlt. An einer Anzahl Stellen nur in C: 130, 5; 720, 5; 1082, 5. 25. 33; 1654; 1848, 13; 1939, 9. Wir sehen also, dass die klingenden Reime in den Nibelungen sehr selten, in den Kürenbergstrophen aber viel häufiger sind. Hierauf lässt sich der Schluss gründen, dass sie in noch früherer Zeit das Gesetz der ursprünglichen Nibelungenstrophe für die beiden ersten Langzeilen gebildet haben. Von diesem Gesetz weicht der Verfasser der Kürenberglieder schon in den meisten Strophen ab, er kann also die Strophenform nicht erfunden haben.

Ergebnisse.

Stellt sich also heraus, dass nicht einmal für die lyrischen Strophen die Autorschaft Kürenbergs, dessen Gestalt als Dichter überhaupt in der Luft schwebt, [1]) nachzuweisen ist, so ist da-

---

[1]) Der Name kommt in Österreich (vergl. Thausing, Nibelungen-Studien S. 7 f.) und anderwärts häufig vor. „Kiurenberg lautet in heutiger Sprache Kürnberg. Das gleichnamige Dorf im Amte Schopfheim ist nicht hierher zu ziehen, sondern die alte Burg Kürnberg bei Kenzingen, die Heimat der Herren von Kürnberg, hat mehr Anspruch auf den Besitz des alten Dichters. Die Kürnberger waren Vasallen der von Usenberg, die Kenzingen zur Stadt erhoben und Wonnethal zum Kloster schufen. Sehr wahrscheinlich war mit ihnen das Geschlecht der Kirnberger im Aargau verwandt, da dieses auch vieles im Breisgau besass, und ebenfalls Lehnsmann von Usenberg war. Die Kürnberger des Breisgaus gehen in das Ende des eilften Jahrhunderts zurück, und scheinen am Anfange des dreizehnten schon ausgestorben. Das Aargauische Geschlecht tritt erst gegen Mitte des dreizehnten Jahrhunderts auf. Der Grund, warum ich den Dichter in der Breisgauer Familie suche, liegt in ihrem höhern Alter. Die Überbleibsel seiner Lieder gehen nemlich vor die Blütezeit der Minnesinger zurück, wie schon Docen bemerkte, desshalb kann ich den Sänger nicht dem Geschlecht zuerkennen, das erst gegen 1236 erscheint." Mone, badisches Archiv 1, 53. Die bairischen Khürner von Khürnberg oder von der Khürn im Regenstaufer Landgericht bei Regensburg kommen schon im Jahre 1197 vor; vergl. MSH. 4, 109. Herrn Professor von Keller in Tübingen verdanke ich folgende Mittheilungen: Kirnberg (Kürn = Mühle, nach schwäbischer Aussprache nur Kirn) Waldname bei Herrenberg im Tübinger Forstlagerbuch Bl. 124ᵃ. Kürnenburg hiess eine Burg mit Weiler bei Esslingen; vergl. J. J. Keller, Beschreibung der Reichsstadt Esslingen und ihres Gebiets; erstes Bändchen (XXIV, 175 S. 8°. Esslingen 1798) S. 135. 138 f.; Beschreibung des Oberamts Esslingen, herausgegeben von dem Königlichen statistisch-topographischen Bureau (Stuttgart 1845) S. 90. 161. Ich füge noch

mit vollends jedes Band zwischen Kürenberg und den Nibelungen abgeschnitten, und da Pfeiffer selbst das Moment des Eigenthumsrechts auf die selbsterfundene strophische Form als das Hauptsächliche darstellt, so scheinen die FF. S. 28 ff.

---

bei: Kirnberg Waldname zwischen Tübingen und Bebenhausen, vergl. Beschreibung des Oberamts Tübingen (Stuttgart 1867) S. 7. 195. 349. 431; Kirnberg Dorf in Baiern, Mittelfranken, Bezirksamt Rothenburg, vergl. Ritter, geographisch-statistisches Lexicon, 5te Aufl. (Leipzig 1864) 1, 784. Kirnberg Hof im badischen Amt Neustadt; K. Dorf in Oberbaiern, Landgericht Schongau; K. im Nonnenwalde, Einöde, ebenda, Landger. Weilheim; K. in der Schöffau, Einöde, ebenda, bei Uffing; Unterkirnberg, Einöde, ebenda, bei Oberau; K. Weiler in Niederbaiern, Landger. Mitterfels; K. Einöde in der Oberpfalz, Landger. Roding; K. Weiler in der Oberpfalz, Landger. Burglengenfeld; K. Bauernhaus in Österreich ob der Enns, Bezirksamt Gmunden; K. (Kürnberg) Jägerhaus, ebenda, Bezirksamt Linz; K. Bauernhaus, Bezirksamt Steyr; K. = Schneidergut in K., Bauernhaus in Österreich ob d. E., Bezirksamt Linz; K. = Kienberg, Rotte in Österreich unter d. E., Bezirksamt Neulengbach; K. (Kürnberg) Dorf in Österreich unter d. E., Bezirksamt Seitenstellen; K. an der Mank, Pfarrdorf, ebenda, Bezirksamt Mank; vergl. Rudolph, vollständiges geographisch-topographisch-statistisches Ortslexicon von Deutschland (Weimar o. J.) 1, 2123—4. 2104. 2369. 2, 4046. Kirnberger einige Häuser in Österreich ob d. E., Bezirksamt Steyr. Man vergleiche noch Raffelsperger, allgemeines geographisch-statistisches Lexicon der österreichischen Staaten, 3ter Band, 2te Aufl. (Wien 1846) S. 889; Bruzen la Martiniere, historisch-politisch-geographischer Atlas der gantzen Welt u. s. w., 6ter Theil, (Leipzig 1746) Sp. 966. Kirchenkirnberg (früher auch Kirchenkürnberg) im wirtembergischen Oberamt Welzheim, 1182 Curinberch, sonst auch Kurinberc, Churemberch, vergl. Beschreibung des Oberamts Welzheim (Stuttgart 1845) S. 175; in der Nähe Eichenkirnberg, vergl. Beschreibung des Oberamts Gaildorf (Stuttgart 1852) S 130; Quirnberg in der Gegend von Würzburg bei Förstemann, altdeutsches Namenbuch, zweiter Band, Ortsnamen, (2te Aufl. Nordhausen 1872) Sp. 1206. Kürnburg ein Schloss der Freiherrn von Rechberg im Allgäu, bei Crusius, Schwäbische Chronik (Frankfurt 1733), 2ter Theil, 12tes Buch, 1tes Kapitel S. 668. Auch andere Verbindungen mit Kürn (Kirn) sind nicht selten, vergl. Förstemann a. a. O., Ritter a. a. O. und 1, 821, Hofmann Encyklopädie der Erd-, Völker- und Staatenkunde (Leipzig 1866) 2, 1238. 1312. Rudolph a. a. O. 1, 2123. 2369. Martiniere a. a. O. 6, 1141. Mit diesen Belegen soll natürlich nicht etwa den beiden Kürenberg, die Pfeiffer und Bartsch annehmen, ein anderer gegenübergestellt, sondern bloss dargethan werden, wie verbreitet der Name war und noch ist, und wie schwierig es daher ist, eine bestimmte Persönlichkeit dieses Namens nachzuweisen und zu localisieren.

aus den Beziehungen zu Passau hergenommenen Gründe keiner eingehenden Behandlung mehr zu bedürfen. Ist ja schon die Voraussetzung, dass die Nibelungen in Österreich entstanden seien, sehr unsicher, wie denn überhaupt die Heimat unseres Gedichts noch nicht festgestellt ist.[1]) Die fahrenden Sänger und Spielleute blieben nicht an éinem Ort, sondern zogen von einem Land, von einem Hof zum andern, wo gerade eine Festlichkeit stattfand. Dass in den Nibelungen die Donaugegenden genauer beschrieben werden als die rheinischen, erklärt Simrock[2]) in überzeugender Weise aus der grössern Schiffbarkeit unseres Hauptstroms, die den Helden schnelle Hin- und Herfahrt gestattete, ohne dass sie unterwegs anhalten und aussteigen musten. Der Dichter wuste aber auch am Rhein gut Bescheid: auf der Rückreise verlassen sie in der Nähe von Worms die Schiffe und setzen ihre Reise zu Land weiter fort, denn der Rhein war damals zwischen Mainz und Worms aufwärts nicht schiffbar. Wenn Nib. 854, 3 in A und B der Waskenwald genannt ist statt des durch 861, 3; 870, 1; 943, 1 gebotenen Odenwalds, wie C hat, so bildet diss noch keinen Beweis für die Unkunde des Dichters. Gar leicht konnte ein Schreiber, dem aus der Dichtung von Walther und Hildegunde der in der Nähe von Worms auf derselben Rheinseite gelegene Waskenwald geläufig war, diesen in das Lied bringen.[3])

Auf die Umarbeitungen einzugehen, welche nach Pfeiffers und Bartschs Annahme die Nibelungen erfahren haben sollen, ist nicht nöthig, nachdem sich herausgestellt hat, dass die Autorschaft Kürenbergs als unerwiesen zu betrachten ist.

---

[1]) Vergl Fr. Zarncke, das Nibelungenlied, 4te Aufl. (Leipzig 1871) Einleitung S. v f.
[2]) Das Nibelungenlied, Einleitung S. xiv f.
[3]) Vergl. Zarncke, Beiträge zur Erklärung und Geschichte des Nibelungenliedes S. 210. Simrock, a. a. O. S. xv.

Die gewonnenen Ergebnisse lassen sich wie folgt zusammenstellen:

1) Entlehnungen der Strophenform sind im zwölften Jahrhundert für Lyrik und Epos nachgewiesen, das von Pfeiffer betonte Gesetz vom Eigenthumsrecht auf die selbstgeschaffene Strophenform gilt also für diese Zeit nicht.

2) Damit fällt auch der Grund für die Annahme Pfeiffers, dass der Verfasser der unter Kürenbergs Namen überlieferten lyrischen Gedichte und der Dichter der Nibelungen eine und dieselbe Person seien.

3) Die unter Kürenbergs Namen überlieferten Strophen rühren nicht von diesem her, sondern der Name ist in der Pariser Handschrift aus MF. 8, 5 gefolgert.

4) Die Identität der Nibelungenstrophe mit der *Kürenberges wîse* ist nicht bewiesen. Letztere ist überhaupt zunächst nur eine Melodie.

5) Alphart ist nicht von Kürenberg, überhaupt nicht von derselben Hand wie die Nibelungen, verfasst.

6) Die Nibelungenstrophe ist die vorherrschende Form epischer Volkslieder im zwölften und Anfang des dreizehnten Jahrhunderts.

Anhang.

Simrocks Herstellung der s. g. Kürnbergschen Lieder.

1.

Vil lieber vriunt, daʒ ist schedelîch:
swer sînen vriunt behaltet, daʒ ist lobelîch.
die site wil ich minnen.
. . . .

2.

. . . .
. . . .
bite in daʒ er mir holt sî als er hie vore was
und man in waʒ wir redeten dô ich in ze jungest sach.

3.

Ich stuont mir nehtint spâte án éiner zínnè.
dô hôrte ich einen ritter víl wól singèn
in Kürnberges wîse al ûʒ der menigîn.
er muoʒ mir diu lant rûmen ald ich geniete mich sin.

„Nu brinc mir her vil balde mîn ros, mîn isengewant,
wan ich muoʒ einer vrouwen rûmen diu lant:
diu wil mich des betwingen daʒ ich ir holt sî;
si muoʒ der mîner minne immer darbende sîn.

„Wîb unde vederspil, die werdent lihte zam:
swer si ze rehte lucket, sô suochent si den man.
als warb ein schœne ritter umb eine vrouwen guot.
als ich daran gedenke sô stêt wol hôhe mîn muot."

4.

Jô stuont ich nehtint spâte vór dínem béttè,
do getorste ich dich, vrouwe, niúwèt wéckèn.
„Dés gèháʒʒè Got den dînen lîp!
jo enwas ich niht ein wilde bêr" sô sprách dáʒ wîp.
(Z. 3 cf. Nib. 325 Z. 2: ir gèlíchè.)

5.

Swenne ich stân aleine in mînem hemede,
únd ích gedénke an dich, ritter edele,
so erblüejet sich mîn varwe als diu rôse ame dorne tuot,
und gewinnet mir daʒ herze vil manegen trûregen muot.

6.

„Eʒ hât mir an dem herzen vil dicke wê getân,
daʒ mich des geluste des ich niht mohte hân
noch niemer mac gewinnen: daʒ ist schedelich;
jone meine ich golt noch silber, eʒ ist den liuten gelich.

Ich zôch mir einen valken mêre dan ein jâr;
dô ich in gezamete als ich in wolte hân,
und ich im sîn gevidere mit golde wol bewant,
er huop sich ûf vil hôhe und vlouc in andere lant.

Sìt sach ich den valken   schóne vliégèn:
er vuorte an sînem vuoze   sídîne riémèn
und was im sîn gevidere   alrôt guldîn.
Got sende si zesamene   die geliep weln gerne sîn".

7.

Der túnkèlstérnè   dér birget sích:
als tuo du, vrouwe schône,   sô du sihest mich;
sô lâ du dîniu ougen gên   an einen andern man:
sone weiʒ doch lützel ieman   wieʒ undr uns zwein ist getân.

8.

„Wes manestu mich leides,   mín vil líep?
unser zweier scheiden   müeʒe ich geleben niet.
verliuse ich dîne minne,   sô lâʒe ich wol entstân,
daʒ mîn vröude diu mín ist   umb alle andere man.

„Leit machet sorge,   vil liep wünnè:
eines hübschen ritters   gewán ich kündè:
daʒ mir den benomen hân   die merker und ir nît,
des mohte mir mîn herze   nie vrô werden sît.

„Eʒ gât mir vonme herzen,   dáʒ ich gewéinè:
ich und min geselle   müeʒen úns schéidèn;
daʒ machent lügenære: Got der geb in leit!
der uns zwei versuonde   vil wol, des wære ich gemeit."

„Wîp vil schône,   nu var du sam mir:
liep unde leit daʒ teile   ich sáment dír.
die wîle unz ich daʒ leben hân,   sô bistu mir vil liep;
wan minnest einen bœsen,   des engân ich dir niet."

9.

Aller wîbe wünne   diu gât noch megetin;
als ich an si gesende   den lieben boten mîn,
sô wurbe ichz gerne selbe   wær ez ir schade niet.
ine weiz wie ich ir gevalle;   mir wart nie wib als liep.